Gottfried Kinkel

Der Grobschmied von Antwerpen

in sieben Historien

Gottfried Kinkel

Der Grobschmied von Antwerpen
in sieben Historien

ISBN/EAN: 9783744629089

Hergestellt in Europa, USA, Kanada, Australien, Japan

Cover: Foto ©ninafisch / pixelio.de

Weitere Bücher finden Sie auf **www.hansebooks.com**

Der

Grobschmied von Antwerpen

in sieben Historien

von

Gottfried Kinkel.

Dritte Auflage.

Stuttgart.

Verlag der J. G. Cotta'schen Buchhandlung.

1880.

Druck von Gebrüder Kröner in Stuttgart.

Gruß an Minna.

Auf dem Giltar-Felsen in Süd-Wales,

Herbst 1862.

Vom hohen Fels am Meere sende
Ich Grüße dir, mein junges Lieb,
Du holder Schatz, der auf der Wende
Des Lebens mir noch eigen blieb.
Auf Mövenschwingen in die Thale
Send' ich dir Grüße, wo du weilst;
Sie danken dir, daß aus der Schale
Der Minne meinen Schmerz du heilst,
Daß um dieß Herz, in dir gelandet,
Nur leis, wie hier, die Welle brandet.

Vor mir, das Meer in Sonntagsfeier
Von blauem Stahl ein Spiegel ruht,
Und silbern deckt des Mittags Schleier
Mit lichtem Duft die ferne Fluth.
Nur einzle Wolkenschatten schweben
Wie Fleckchen auf dem feuchten Glanz,
Doch mir zu Füßen tanzend heben
Die Wellchen ihren goldnen Kranz;
So gleiten über meinem Herzen
Wie Schatten nur die alten Schmerzen.

Das Schicksal will, daß wir's ertragen,
Und zum Ertragen giebt's die Kraft;
Armselig ist's der Lust entsagen,
Weil Eine Lust uns ward entrafft!
Zum Leben einmal sich entschlossen,
Dann sei's auch voll und stark gelebt;
Willst Lust du, sei auch unverdrossen
Der Erde ganze Lust erstrebt.
So lang die goldnen Becher winken,
Ist's Frevel, wenn wir sie nicht trinken.

Gesegnet sei mir drum die Stunde,
Da ich zu lieben mich entschloß,
Da in die tiefe Herzenswunde
Ich deiner Treue Balsam goß.
Mit deiner jugendfrischen Minne
Bringst du den Traum von altem Glück,
Mit deinem heitern Kindersinne
Bringst du die Jugend mir zurück,
Und hell wie diese Meeresbläue
Glänzt mir das Leben heut auf's Neue.

Es kommt die Fluth vom West getragen
Und kraust der Wellen weich Gelock;
Zu meinen Füßen seh' ich ragen
Den altergrauen Riesenblock.
Einst im Orkan herabgeschmettert
Vom Urkern dieser Felsenwand,
Von Gluth gedörrt, vom Sturm umwettert,
So stand umkräuselt er vom Sand.
Ein Bild des Todes, öd und schaurig,
Lag er da in der Ebbe traurig.

Nun kommt die Fluth — die Wellchen schlüpfen
Um ihn herum im Schlängellauf;
Er weist sie ab, allein sie hüpfen
Ihm spielend zu der Brust herauf.
Sie scheinen schäkernd ihn zu fliehen,
Doch kehren sie im leichten Schwung,
Und höher nur geschwellt, umziehen
Sie ihn mit doppelt keckem Sprung.
Mit hundertfachem Kuß umschmeicheln
Sie ihn und neckisch lindem Streicheln.

Die tausend Muscheln und Korallen
Um ihn hielt auch der Tod in Haft;
Doch wie die Fluthen höher wallen,
Durchdringt sie frischer Lebenssaft.
Die Muscheln und Korallen trinken
Mit Jugendlust die blaue Fluth,
Meergräser auf den Wellen blinken,
Die sterbend auf dem Sand geruht;
Und in der Nymphe lauen Armen
Der Felsblock selbst, er muß erwarmen.

Ja, das sind wir! Auch mir erstarrte
Die Lebenskraft im Sonnenbrand;
Fern von der Heimat, warf das harte
Geschick mich aus an fremden Strand.
Da ward ein Lieben mir gegeben,
An das ich längst nicht mehr geglaubt;
Mit tausendfachem holdem Leben
Umspielst du mein ergreistes Haupt.
Ich fühl' in deiner Minne Wellen
Die Lebensgluth durch's Herz mir quellen.

Die Harfe, die du neu besaitet,
Stellst du mit Lächeln mir zur Hand.
Scheu durch sie erst der Finger gleitet,
Doch bald begrüßt sie mich bekannt.
Dieß Lied, am grünen Rhein begonnen,
Vollend' ich an der blauen See,
Und wie mein eigner Schmerz zerronnen,
So ruf' ich's laut in fremdes Weh:
Niemals sollst du dem Glück entsagen
Und an der Freude nicht verzagen.

Und soll der Sang nicht sein verloren,
Ruf' auch die Kinder mir heran!
Von ihnen war mir keins geboren,
Als ich dieß frühe Lied begann.
Heut werden sie daran sich freuen,
Und dir und ihnen sing' ich's aus;
Doch soll sich recht die Lust erneuen,
Lad' auch von Gästen voll das Haus!
Folgt denn vom wälschen Felsenstrande
Zurück mir nach dem Niederlande!

Erste Historie.

———

Soll ich euch etwas Gutes gönnen,
   Ei da besinn' ich mich nicht lang:
Ihr solltet einmal machen können
Durch mein Antwerpen einen Gang,
Dann, wenn vom Abendlicht geschärft
Die Schatten langsam höher klimmen,
Wenn auf der Schelde, auf dem Werft
Der Sonne Scheidegrüße schwimmen,
Und selbst der Grachten trübe Fluth
Verklärt wird von der Abendgluth.

Die Ebbe weicht, die Fluth springt auf
Und wiegt im Spiel der Schiffe Schwere
Entgegen Wind und Flusseslauf
Heran zur Stadt aus hohem Meere.
Die Ballen rollen auf den Platz;
Es grüßen der Matrosen Lieder
Die liebe Stadt der Heimat wieder,
Und mancher herzt schon seinen Schatz:
Denn lachend längs dem Strome wandern
Die Mädchen schön und frisch von Flandern.

Es ist ein kräftig, froh Geschlecht
Im lieben Flandern allerwegen,
So wie es nur erzieht das Recht
In seinem warmen Muttersegen.
Die freie See erfrischt den Mann
Zu ew'gem Haß der Sklavenbande,
Und führt dem kühnen Volk heran
Der Erde Gut aus jedem Lande:
Genuß und Fülle, Kraft und Muth,
Du schenkst sie, Freiheit, höchstes Gut!

Und haft du Alles dir beschaut, —
Nach Stille suchst du hier vergebens —
Dann lockt die alte Stadt so traut
Dich aus dem Bann des lauten Lebens.
Es zieht dich fort, du weißt nicht wie,
Zurück zur alten Kathedrale:
Dort in dem letzten Abendstrahle
Wie eine Greifin siehst du sie
Aus lang verschollnen großen Tagen
In unsre Zeit herüberragen.

Hier ist noch alte Sage wach
In milden halberloschnen Zügen.
Komm nur, wir gehn den Mädchen nach
Mit ihren irdnen Wasserkrügen:
Sie ziehn zum Brunnen, der am Thor
Der Kirche seinen Segen spendet;
Dort steht er, wo der Weg sich wendet —
Und sieh, da ragt er schon hervor!
Zehn Menschenalter sind verdämmert,
Seit ihn des Meisters Hand gehämmert.

Umwandelſt du den Brunnen rund
Mit ſeinen roſt'gen Eiſenſtäben,
Schauſt du Figuren reich und bunt
Im Wechſeltanz vorüberſchweben.
Der runde Kranz, den erſt du ſahſt,
Löſt ſpielend ſich zu einem Sterne;
Das Dreieck neckte dich von ferne
Und wird ein Kranz, indem du nahſt.
Traun, in der Hand, die dieß geſtaltet,
Hat wohl ein klarer Geiſt gewaltet!

Und dieß Gewirr — mit reichem Laub
Hat es geprangt von Eiſenblättern,
Doch auch das Eiſen ſank zum Staub
Wie Waldesſtreu in Märzeswettern.
Figürchen ſtanden rings als Zier,
Sie fraß der ſalzige Hauch der Winde:
Nur übrig blieb die Eva hier,
Kaum kenntlich noch am Haargewinde,
Und oben ſteht noch unverſehrt
Der Roland mit dem langen Schwert.

Der junge Meister früh am Tag
Steht in der Schmiede frisch geschäftig;
Es geht der Hammer Schlag auf Schlag,
Der Blasbalg saust, die Gluth ist kräftig.
Wohl winkt ihm nun der Ruhe Zeit:
Schon gestern war das Werk ihm fertig,
Der Maurermeister steht bereit,
Es aufzustellen heut gewärtig.
Allein der Schmied hat noch nicht Ruh —
Noch einmal treibt es ihn herzu.

Von allem, was er je vollbracht,
Hat er der kleinen Eva Zügen
Am allermeisten nachgedacht,
Und nun will sie ihm nicht genügen.
Die ganze Nacht hat's ihn gequält,
Zum Dornenbett ward ihm das Lager;
Er spürt, wie's überall noch fehlt,
Dieß ist zu stark und das zu hager —
Und mit dem ersten Morgenroth
Beginnt auf's Neue seine Noth.

Er reißt das Bildchen vom Gestell,

Nur mühsam weicht's dem harten Zwange:

Er wirft es in die Glnthen hell,

Preßt es zu Schanden mit der Zange.

Dann packt er's, als es glühend weiß,

Und auf den Amboß muß es wieder;

Auf's Neue durch des Hammers Fleiß

Entstehen die geschwellten Glieder;

Die Feile ächzt, bis scharf nnd rein

Glänzt jeder Zug im Eisenschein.

Vergebens! Hart wie das Metall

Starrt ihm die volle Brust entgegen;

Es stockt das Haar in wirrem Schwall,

Und dieser Fnß wird nie sich regen.

Was er im Geist so klar geschaut,

Nicht will es sich im Stoff gestalten;

Im Traume grüßt' es oft ihn traut,

Doch er vermag's nicht festzuhalten:

So spröd wie Stein, so kalt wie Eis

Verhöhnt es trotzig seinen Fleiß.

„Verfluchtes schwarzes rohes Erz,“
So ruft er aus, „du schaffst nur Leiden!
Gilt es, ein armes Menschenherz
Mit kaltem Stoße zu zerschneiden,
Dann bist du rasch! Doch zu erfreu’n,
Ist alle Müh’ an dir verschwendet,
Und ewig muß es mich gereu’n,
Daß ich auf dich die Kunst gewendet.
In dir ist Alles mir verglüht,
Was mir so voll im Herzen blüht.

„So steht das Bild mir vor dem Blick!
Ich kenn’s vom Wirbel bis zur Sohle;
So sitzt das Köpfchen am Genick
(Er spricht’s und greift zu einer Kohle);
So ist die Stirn und so der Mund,
So geht der feine Zug der Brauen,
Und so wölbt sich des Auges Rund —
Ich sah’s so oft bei schönen Frauen! —“
Leis spricht er’s hin — und wie er spricht,
Steht auf der Wand schon das Gesicht.

O Wunder! unter seiner Hand
Erwächst das Bild aus dem Gemüthe,
Rasch hebt sich aus der rauhen Wand
Des holden Frauenleibes Blüthe;
Mit festem Striche, scharf und klar
Springt vor der Glieder schöne Fülle;
Der Busen und der Hüften Paar
Taucht auf aus lichter Lockenfülle —
Und schöner, als er's je gedacht,
Schaut er's von seiner Hand vollbracht.

Mit Staunen steht er vor dem Bild:
„Das also war es, was mir fehlte?
Das war's, warum sich mir unmild
Die volle Schönheit stets verhehlte?
Die Schönheit lebt in Luft und Licht,
Sie haust nicht in dem Qualm der Esse!
Ob das Metall ich grimmig presse,
Zum Leben zwing' ich's dennoch nicht!
Die Schönheit webt in Form und Farben —
In schwarzem Ruße muß ich darben!"

Sagt, kennt ihr ihn, den schwersten Schmerz,
Der je die Menschenbrust zerdrückte?
Er kommt nicht wie ein schneidend Erz,
Allmählich spürt ihn der Beglückte.
Wie leises Gift im jungen Blut
Löst er unmerklich auf, unsäglich;
Doch bald mit Qualen unerträglich
Zerknickt er den gesunden Muth —
Das ist der Schmerz verlornen Lebens,
Verlornen Handelns, Schaffens, Strebens!

Wenn du den Freund verloren giebst,
Ein wenig spürst du jene Wunden:
Hast du ein Weib, das du nicht liebst,
Du hast sie halb und halb empfunden.
Doch wenn du deine Jugendkraft
Hast auf ein irrig Werk gewendet,
Das dir nicht selbst Genügen schafft, —
Dann hast dein Kleinod du verschwendet,
Und trostlos wie ein Wüstengraus
Dehnt sich vor dir das Leben aus.

Das ist's, was Quintin Messys spürt
In jener stillen Morgenstunde.
Die Hand, die lang den Hammer führt,
Ist rauh von mancher Schwiel' und Schrunde.
Die Bauerdirn' hat er gewählt,
Die Kunst, sein roh Metall zu schmieden:
Nun lockt die Muse geistbeseelt,
Von der er selber sich geschieden —
Es legt sich der Entbehrung Fluch
Um ihn, ein düstres Leichentuch.

Verzweifelt fährt er aus der Rast
Und regt die eisenstarken Glieder,
Ergreift des Hammers wuchtige Last
Und schaut mit Grimm auf's Werk hernieder.
Was er erschuf in vielen Jahren,
Jetzt reizt es ihn mit wüthigem Grau'n —
Mit starrem Blick, mit wirren Haaren
Entsetzlich war er anzuschau'n.
Wie Thor springt in den Schlachtenjammer,
So schritt er mit geschwungnem Hammer.

Schon holt er aus zu mächtigem Hieb,
Und Rolands Haupt und Helm wird sinken
Da plötzlich klingt ein Liedchen lieb,
Er sieht ein kleines Fenster blinken;
Und wie des Sturmmeers Wogengroll
Doch glänzt vom goldnen Sonnenstrahle,
So fiel ein Glanz mit Einem Male
In seine Brust, so wild sie schwoll.
Was er begann, er kann's nicht enden —
Der Hammer sinkt ihm aus den Händen.

Rasch springt er in der Schmiede Thor,
Und drüben aus dem Fenster munter
Streckt sich ein Mädchenkopf hervor,
Der winkt ihm einen Gruß herunter
Mit halbverschlafnen Aeugelein,
Die Wangen roth vom Morgenschlummer;
Die Stimme glockentief und rein
Ruft mild hinein in seinen Kummer:
„Ei guten Morgen, Quintin! Sag,
Was schaffst du denn so früh am Tag?"

Es giebt Gesichtchen — liebe Herrn,
Hier denke jeder an die Seine:
Wer Eine hat, der glaubt mir's gern
Und wird begreifen, was ich meine:
Gesichtchen, ganz voll Fried' und Ruh,
So voll vom holdesten Behagen —
Sehn sie dich an, wie könntest du
Wohl dann noch über Leiden klagen?
Ihr Lächeln dringt in dich hinein
Und löst dir spielend deine Pein.

Er sieht sie an — sein Herz ist schwer,
Es ist ihm schwer bis zum Zerbrechen:
Ach danken möcht' er ihr so sehr,
Er will es wohl und kann nicht sprechen;
Nur freundlich grüßt er mit der Hand,
Ein Lächeln spielt auf seinem Leide —
Daß Jedes Blick den Andern fand,
Das war genug für alle beide.
„Gute Verrichtung!" ruft's ihm zu;
Dann schließt das Fenster sich im Nu.

Gute Verrichtung! Ja, es sei!

Er kehrt mit Muth zum bittern Werke

Und schmückt es noch mit Mancherlei,

Daß niemand sein Verzagen merke.

Er giebt dem blanken Glanz den Rest;

Da kommt der Maurer mit Gesellen,

Um es auf's Postament zu stellen;

Er schweißt den letzten Nagel fest,

Er giebt es ihnen, und sie gehn —

Er selbst bleibt in der Werkstatt stehn.

Zweite Historie.

———

Nun kommt — doch geht mir auf den Zeh'n,
Damit nicht knarrt der Treppe Glimmer!
Durch's Schlüsselloch jetzt sollt ihr sehn
In eines hübschen Mädchens Zimmer,
In süßer Keuschheit klaren See,
In's Heiligthum, das ohne Makel,
Das reiner als der Alpenschnee
Und still ist wie ein Tabernakel,
Daß selbst der klare Morgenschein
Nur scheu und zaghaft blickt hinein.

Kaum schlief sie noch — ein Streiflicht traf
Die Stirn, das sie an's Fenster ladet.
Schon ist sie auf, sie hat vom Schlaf
Die Aeugelein sich rein gebadet:
Doch spielt auf ihrer Wangen Gluth
Noch voller holder Schlummerfriede,
Der Nachtwelt süßes Lächeln ruht
Noch auf dem klaren Augenlide;
Denn eben schwirrt mit goldnem Saum
Durch's Fenster fort ein Morgentraum.

Und seht ihr euch das Mädchen an,
Ich weiß nicht, ob's euch ganz gefiele.
Es ist kein Weib für jeden Mann,
Ein wenig so im Pallasstyle.
Die schlanke mächtige Gestalt,
Der weite Schritt, die tiefe Stimme,
Die Stirn so klar, so weiß, so kalt,
Als ob sie Eros nie erklimme,
So männlich schön und fest der Leib —
Mit Einem Wort, ein flandrisch Weib!

Beim großen Schüler des Van Eyck
Seht dort die Frau'n am Kreuzesholze;
Ihr kennt am Grabe von Vandyck
Die Magdalena wohl, die stolze;
Sie ist von tiefstem Gram geknickt,
Von Thränen fiebern ihre Lider,
Und doch wie klar dieß Auge blickt,
Wie stramm und stark noch diese Glieder!
Der schwellenden Gesundheit Kraft
Weicht nie der wirren Leidenschaft.

Suchst du der Fränkin kecken Muth,
Gleich heiß in Zorn und Liebesflammen,
Und auch des Nordens frisches Blut,
In Flandern findest du's beisammen.
Und bist du deutschen Sinn gewohnt,
Nicht fehlt der Duft der farbigen Blüthe,
In dieser schwell'nden Fülle wohnt
Ein fromm und innig deutsch Gemüthe.
Geeft my uw hart! wenn so sie spricht,
Gieb Acht, du widerstehst ihr nicht!

Sie flicht das lange braune Haar
Mit seidnen Bändern sich zusammen;
Es blitzt ein Goldschein licht und klar
Auf seinen dunkelwall'nden Flammen.
Die Brust umhüllen zart und fein
Durchbrochne Spitzen jetzt von Mecheln,
Durch die die Luft mit kühlem Fächeln
Zum warmen Busen spielt herein:
So spielt ein Hauch durch Schattenlauben
In's heiße Nest der weißen Tauben.

Nun über's Atlasunterkleid
Wirft sie die Jacke weit und wallend
Von Purpursammt, mit Ermeln weit,
Und faltig auf die Hüfte fallend.
Das weiße Häubchen deckt das Haar,
Von dem zwei Flügel niedersinken,
Und auf dem Halse blendendklar
Spielt der Korallen blutig Blinken;
Zuletzt schmiegt sich der Corduan
Dem runden Fuße zierlich an.

Ein herrlich Bild der Bürgerpracht,
Die längst in Flanderns Städten waltet,
Seitdem Burgundiens stolze Macht
Ihr Banner ob dem Land entfaltet.
Dem Fläming strömt das Schönste her
Aus Nordens Hallen, Südens Zelten,
Und nie sind Brügge's Hallen leer
Vom edeln Gut der weiten Welten.
Stolz wie ihr Land, frei wie ihr Meer,
So schritt die Jungfrau nun daher.

Sie steigt herab zum untern Flur,
Und im Vorbeigehen auf dem Gange
Mahnt sie der Kukuk auf der Uhr,
Ihr Vater warte heut schon lange:
Der Meister Floris, erster Stern
In Flanderns alter Malergilde,
Geehrt von Fürsten und von Herrn,
Berühmt ob manchem wackern Bilde.
Ihm mangelt's nicht an Gut und Geld,
Sein Haus ist reich und wohl bestellt.

Indeß beim Putz die Tochter säumt,
Sitzt er schon bei dem Morgenmahle:
Der feurige Burgunder schäumt
Vor ihm in silbernem Pokale.
Die Tochter tritt zum Vater ein,
Ehrfürchtig grüßt sie ihn mit Neigen,
Sie will sich rasch geschäftig zeigen,
Sie gießt das Wasser zu dem Wein
Und mischt es wohl; mit leichtem Nippen
Kredenzen's ihm die warmen Lippen.

Behaglich plaudernd, weiß nicht was,
So sitzen sie im stillen Saale
Und tauschen redend Ernst und Spaß —
Da braust es laut mit Einem Male;
Es wälzt sich vor dem Fenster her
Ein Menschenstrom mit lautem Rufen;
Sie springt hinauf des Erkers Stufen,
Da wogt's vom Volke wie ein Meer:
Sie lassen, daß die Fenster beben,
Den Grobschmied Quintin Messys leben.

Der alte Herr steht auf und spricht:
„Was gilt's, der Nachbar Messys heute
Hat seinen Brunnen aufgericht,
Drum jubiliren so die Leute.
Das ist doch schon ein ganzer Mann,
Ich sah's ihm an von Kindesbeinen;
Nicht Mancher lebt, der's besser kann
Als er mit Stahlgeschmeid im Feinen.
Ich hab' ihn wirklich gern, und traun
Das Ding muß ich mir auch beschaun."

„'s ist um den braven Jungen schad',
Daß er hantieren muß im Eisen;
Da ist für wahre Kunst kein Rath,
Die wird ihm stets den Rücken weisen.
Nun aber freilich ist's zu spät,
Was Einer kann, dran soll er halten!"
Er spricht's und greift nach dem Biret
Und dreht sich in des Mantels Falten;
Er grüßt und geht — mit ihrem Glück
Bleibt einsam sie im Haus zurück.

Das ist der Frauen höchste Lust,
Wenn den sie rühmend hören nennen,
Den in der stillverschwiegnen Brust
Sie längst als groß und herrlich kennen.
Das Beste, was der Mann vollbringt,
Geräth ihm nur in dem Gedanken,
Daß ihm für Alles was gelingt
Der Liebsten Mund wird freudig danken:
Doch Frauenbrust wird stolz geschwellt,
Wenn den Geliebten ehrt die Welt.

Und diese Lust wird ihr gewährt!
Sein Name tönt im Feierklange
Ihr zu, der ihr ja längst so werth —
Ihr wird so wohl, so freudig bange.
Noch einmal vor der Seele ziehn
Vorüber ihr die Jugendtage:
Sie schauet sich, sie schauet ihn
Noch los von Lebensmüh' und Plage;
Sie denkt der Zeit, da als Gespiel
Er schon am besten ihr gefiel.

O Kindheit, die du Arm und Reich

In gleicher Lieb' und Lust verbündest,

Das heil'ge Wort, daß Alle gleich,

In jedem Spiele fromm verkündest:

Warum muß in des Lebens Hast

Dieß rosige Empfinden bleichen,

Daß, die sich erst so treu umfaßt,

Sich nimmer, nimmer mehr erreichen,

Bis, die sich einst geliebt als Kind,

So kalt, so fremd einander sind!

Ach ihm ward früh das Spiel versagt!

Sein Vater starb, die Mutter lebte —

Da ward nicht lange nachgefragt,

Ob er vor rauhem Handwerk bebte.

Und mocht' er weinen bitterlich,

Er blieb ein rußiger Schmiedesbube.

Niemals, wenn er vorüberschlich,

Wagt er's, zu schau'n in ihre Stube,

Wo sie nun saß, ein reiches Kind,

In Glanz und Schmuck, vom Glück gewinnt.

Doch rüstig, wie er immer war,
Bezwang er seinen stillen Jammer:
Berühmter ward mit jedem Jahr
In seiner Faust der Schmiedehammer.
Im Kampf mit Schicksal und mit Stahl
Lernt' er sich selber wieder achten,
Er lernte, wär' es auch mit Qual,
Im Kleinen nach dem Größten trachten;
In Ruß und Dampf am Schmiedeherd
Empfand er seinen Manneswerth.

Da hob er auch den Blick auf's Neu'
Zu der Gespielin beßrer Zeiten;
Er grüßte wieder ohne Scheu,
Sah er sie längs der Werkstatt schreiten.
Die alte Liebe rostet nie
Und fragt nicht viel nach dem Geschicke;
Er sandte frohen Muths an sie
Als Liebeswerber seine Blicke;
Sie brachten der Gewährung Glück
Ihm in der Werkstatt Qualm zurück.

Sie kennen aus der Kindheit her
Noch jedes Plätzchen zum Verstecken:
Da wird's der Liebe denn nicht schwer
Sie wieder schirmend zu bedecken.
Und wann fragt wohl ein liebend Paar,
Ob Liebe je sich enden müsse?
Nur schöner folgte Jahr um Jahr,
Nur süßer wurden ihre Küsse —
Doch heut zum allererstenmal
Schlägt's ihm in's Herz wie Wetterstrahl.

Nun muß er wissen, was sein Loos!
Es geht nicht mehr mit leichten Scherzen,
Auf stehn im Kampfe, riesengroß,
Hoffnung und Furcht in seinem Herzen.
Entschluß ist ihm das höchste Gut,
Es werde besser, werde schlimmer;
Des Volkes Jubel macht ihm Muth,
Und leis tritt er zu ihr in's Zimmer.
Noch niemals hat er das gewagt,
Heut aber thut er's unverzagt.

Erstaunt blickt sie den Jüngling an,
Dann liegt sie froh in seinen Armen,
Und beide schweigend, Weib und Mann,
In langem, langem Kuß erwarmen.
Er fühlt beklemmt der Stunde Wucht,
Die ihm sein Leben wird entscheiden,
Und fesseln möcht' er ihre Flucht —
So ruhen sich im Arm die Beiden:
Ihr ist so wohl und ihm so bang,
So stehen sie — wer weiß wie lang.

Es rauscht — wer kann so früh das sein?
Sie hören nicht die leisen Tritte:
Der alte Floris tritt herein
Und steht schon in des Saales Mitte.
Sie fahren aus einander schnell,
In Schrecken löst sich das Verlangen,
Und schamhaft steigt des Blutes Quell
Vom Herzen in der Jungfrau Wangen.
Der Alte, der das Pärchen schaut,
Scheint auch nicht eben sehr erbaut.

Doch Quintin faßt sich rasch und spricht:
„Ihr wißt nun, was wir Euch verhehlten;
Es braucht auch längern Schweigens nicht,
Daß wir in Minne uns erwählten.
Ehrlich erwerb' ich mäßig Gut,
Ihr habt's gesehn an meinem Werke;
Noch bin ich jung von Arm und Muth,
Noch wachsen Meisterschaft und Stärke.
Doch daß die Lust beim Schaffen bleibe —
Gebt Eure Tochter mir zum Weibe."

Ein Weilchen erst der Alte staunt,
Dann bricht er aus in helles Lachen:
„Ich merk's, du bist heut gut gelaunt
Und weißt 'nen guten Schwank zu machen.
Auch ich war jung, und übel wär',
Wenn ich es heut verschwören müßte,
Daß ich wie du in Zucht und Ehr'
Ein hübsches Nachbarsmädchen küßte.
Die Minne schätz' ich nicht gering:
Heirathen ist ein ander Ding.

„Such' ich nach einem Schwiegersohn, ·
Den kann ich ohne dich noch finden:
Mich dünkt, es wartet Mancher schon,
Wenn ich mich einmal selbst will binden..
Nur wer hier in Sanct Lucas malt,
Den will ich meinen Eidam nennen,
Den Fürsten und Prälaten kennen
Und dessen Kunst sich wohl bezahlt.
Und du meinst gar, ein Schmied gewinnt
Des reichen Floris einzig Kind?"

Der Jüngling beißt die Lippen wund,
Doch faßt er sich und spricht gelassen:
„Ihr gabt mir Euern Willen kund,
Nun mögt Ihr mich auch reden lassen.
So gut wie Eures ist mein Blut,
Ich selber fang' es an zu fühlen:
Um ewig in dem Ruß zu wühlen,
Ehrlich gesagt, bin ich zu gut.
Giebt's keinen andern Rath auf Erden,
So will auch ich ein Maler werden."

Da lacht der Alte überlaut:
„Fürwahr, du bist gescheut, Geselle,
Du wirbst zugleich um Kunst und Braut
Und meinst, das geht so in der Schnelle.
Ach ja, ein Nagel macht sich flink,
Man lernt es wohl in dreien Tagen:
Das Malen ist ein schlimmer Ding,
Da gilt's, sich lebenslang zu plagen.
Du hast ein Pländchen dir erdacht —
Sag's Keinem, du wirst ausgelacht."

— „Ist's Euch so spaßhaft denn, wohlan,
Laßt sehen, wer zuletzt mag lachen!
Wir stehen hier Mann gegen Mann,
So laßt uns eine Wette machen.
Wenn ich ein Bild, das Euch behagt,
Euch stelle hier mit diesen Händen,
Daß Ihr als braver Mann mir sagt:
So was konnt' ich doch nicht vollenden —
Sagt, gebt Ihr mir dann meinen Lohn,
Und bin ich Euer Schwiegersohn?"

— „Nun topp! du närrischer Kauz, das gilt!
Nur wohlgemerkt, die da muß sagen,
Ob, bis du kommst mit deinem Bild,
Als Jungfer sie sich wird behagen."
Sie schlagen ein, dann wendet er
Zur Jungfrau sich: „Sprich, soll ich's glauben?
Fünf Jahre siehst du mich nicht mehr,
Soll Keiner dich so lang mir rauben?
Besinne dich: giebst du dein Wort,
So zieh' ich frisch und fröhlich fort."

Fünf Jahr getrennt! Das Wort wie Eis
Bohrt sich in ihres Herzens Gründe;
Doch stürzt die Liebe fieberheiß
Sich über des Verzweifelns Schlünde.
Sie weint nicht, und sie zittert nicht,
Ob auch die Lippen ihr erblassen;
Sie blickt ihm klar in's Angesicht
Mit braunem treuem Aug; gelassen
Und milde spricht sie: „Quintin, nein,
Kommst du nicht, soll mich Keiner frei'n!"

Da sinkt er vor ihr auf die Knie
Und, Sieger über alle Schmerzen,
Mit heißer Lust umfaßt er sie
Und neigt sein Haupt zu ihrem Herzen:
„So bist du mein vor Gott und Welt,
Und so gelob' ich denn hinwieder,
Dir treu und standhaft kehr' ich wieder,
Wo nicht dieß Herz in Staub zerfällt.
Kein ander Weib soll je uns scheiden
Es sei durch Lust, es sei durch Leiden!"

Auf springt er rasch, und ungescheut
Fühlt er sich auch von ihr umschlingen;
Die Lippen, die sie willig beut,
Im tiefen Abschiedskusse ringen.
Dem Vater, der verwundert stand,
Daß seine Tochter, sonst so herbe,
So rasch ein Freier sich erwerbe,
Drückt nochmals herzhaft er die Hand.
Ein Blick, ein Kuß noch ohne Worte —
Und schon ist er hinaus zur Pforte.

Sie wankt zum Fenster, und sie sieht
Ihn schon in seiner Werkstatt schalten;
Er ist zum letztenmal der Schmied,
Die Kohlen läßt er rasch erkalten;
Den Hammer lehnt er an den Herd
Und faßt zusammen seine Habe;
Die Hüfte schmückt ein kurzes Schwert,
Dann greift er nach dem Wanderstabe.
Sie sieht ihn vor der Thüre stehn
Und in dem Schloß den Schlüssel drehn.

Den letzten Kuß, den letzten Gruß
Winkt er hinauf, sie sieht mit Beben
Des Vielgeliebten raschen Fuß
Am letzten Ecke schon verschweben.
Da bricht ihr ganzes Herz hervor,
Es schwanken die gelenken Kniee:
In's Kämmerlein steigt sie empor,
Lautweinend sinkt sie hin: „Marie,
So ruft sie, bei des Sohnes Schmerz,
Nicht brechen laß mein armes Herz!"

Doch Quintin ist schon weit von ihr:

Er sieht vom Werft die Herrlichkeiten

Der Heimatstadt vor ihm sich breiten;

Ihr sagt sein Lebewohl er hier;

Lebwohl dem Fluß, der leis umfließt

Die prächtige Stadt in stolzem Bogen;

Er wirft in seine lieben Wogen

Den Schlüssel, der sein Haus verschließt;

Und fort vom Norden ohn' Ermüden

Strebt er hinab, hinab zum Süden.

Dritte Historie.

Er pilgert durch das flache Land,
Durchkreuzt vom Schimmer der Kanäle,
Darin ihm seine Wiege stand
Und das er liebt aus voller Seele.
Er grüßt das ewige Köln am Rhein,
Die Königin im Zinnenkranze,
Als dessen höchster Edelstein
Der Dom erstrahlt im Morgenglanze:
Er schaut der sieben Berge Thor
Umwoben von des Mondes Flor.

Kinkel, Grobschmied. 3

Hindurch! und beiderseits des Rheins
Des Schiefers wildzerspällte Wände;
Dahinter träumt das alte Mainz,
Das Haupt gelehnt an's Rebgelände.
Es winken Straßburgs luftige Thürme —
Ihn hält es nicht, und nichts erschlafft
Den regen Fuß, die muntre Kraft,
Fort geht's durch Alpenschnee und Stürme —
Doch tief in seine Seele steigen
Farben und Linien als sein Eigen.

Und nun — an einem Abend war's,
Die Sonne ging im See zur Rüste,
Indeß der Hauch des frühen Jahrs
Die ersten Rosen offen küßte —
Da sah er von dem Alpensteg
Hin auf Lombardiens grüne Matten,
Und auf den schroff gesenkten Weg
Warf ihm die erste Pinie Schatten;
Ein Alpbach springt im Bogen weit
Rauschend in all die Herrlichkeit.

Von allen Seiten wuchernd träuft
Das Schlinggeflecht in dunkle Tiefen,
Am Hügelrande blaß verläuft
Der Silberstreifen der Oliven.
Der Städte Thurm- und Kuppelpracht
Sonnt sich noch in den rothen Gluthen,
Die bald in bleichen Tod verbluten,
Denn von dem Meer steigt auf die Nacht,
Und breitet auf die weiten Lande
Die blauen sternigen Gewande.

Da hält er an im strengen Lauf;
Er spürt, wie sich der Geist ihm weitet,
Und in der Seele geht's ihm auf,
Daß ihn ein guter Geist geleitet.
Er sieht, bis heute war er blind,
Nun fühlt er in sich schöpfrisch Leben
Zum Wettkampf mit Natur sich heben.
Was Farben und was Formen sind,
Man weiß es nicht in nordischen Landen —
Heut hat der Messys es verstanden.

Zur grauen Stadt Bononia
War selig pilgernd er gekommen.
Vom alten Meister Francia
Hat er die Märe dort vernommen —
Einst vor der Esse stand auch der,
Als Mann erst ist er Maler worden;
Sein Name glänzt jetzt licht und hehr
Vor andern in Sanct Lucas Orden —
Da dacht' er sich, das ist der Mann,
Der mir am besten helfen kann.

Freundlich, wie ächten Meisters Art,
Eilt Francia ihn zu empfangen,
So sehr um ihn sich drängend schaart
Der Schüler Zahl, die Rath verlangen.
So fleißig wie der nordische Mann
Ist keiner von den welschen Knaben,
Die lang noch Zeit zum Lernen haben;
Doch Quintin greift es mächtig an,
Und eh' der Sommer noch verglommen,
War er schon Allen vorgekommen.

Erst zeichnet er noch Alles hart,
Als ob er's mit der Feile schliffe,
Doch löst sich bald, was eisern starrt,
Er führt den Stift mit freiem Griffe;
Die Hand ist fest, das Aug ist scharf,
Sie sind geschult am harten Stahle;
Rasch wirft er's hin mit Einem Male,
Er weiß es, daß er's kühnlich darf,
Weil längst in seines Geistes Tiefen
Die Formen nur noch leise schliefen.

Auch Alles, was daheim sie thun,
Muß er mit strengem Sinn verneinen;
Er sieht sie in der Farbe ruh'n,
Ihm gnügt es nicht, das bunte Scheinen;
Ein tiefer Wissensdurst ihn treibt,
Natur, die Meistrin, zu ergründen,
Ihr Leben, wie's im Körper leibt,
In jedem Umriß zu verkünden —
Das lernt sich nicht von Wangen roth,
Er lernt das Leben von dem Tod.

Es bricht die laue Nacht herein:
Die muntern Schüler alle wandern
Zur Schenke fort, zu Tanz und Wein;
Er aber geht nicht mit den andern.
Dann legt er einsam vor sich hin
Den Todtenkopf, und still befliffen
Den Linien, Kanten, Nähten, Rissen
Folgt er mit kühnem ernstem Sinn.
Er forscht, wie, der hier einst gewaltet,
Der Geist sich seine Burg gestaltet.

Zur Leiche tritt er, wo der Tod
Des Scheinens Maske weggezogen,
Wo Alles, was zu täuschen droht,
Vor grauser Wahrheit ganz verflogen.
Da schaut er, wie der Seele Kraft
In Bein und Muskel sich geschlossen
Und dann den heiligen Lebenssaft
In Nerv und Adern ausgegossen —
Den ganzen Hausrath, den sie sich
So wohl bestellt, eh sie entwich.

Ihm ist nicht vor den Todten bang:
Er sprengt des Leibes feste Klammern
Und dringt mit ungestümem Drang
Bis in der Seele tiefste Kammern.
Er lauscht, wie auf des Geists Gebot
Die Glieder arbeitsam sich recken,
Und wie, wenn streng die Seele droht,
Der Leib sich beugt in blassem Schrecken,
Wie jedem Ruf, der ihr enttönt,
Der Leib als stummer Sklave fröhnt.

Im Todtenantlitz liest er gern;
Das ist der Wahrheit feinster Spiegel,
Drauf der gebrochne Augenstern
Sich drückt als ächter Wahrheit Siegel.
Der Teufel und der Engel, die
In Menschenbrust im Leben wohnten,
Als letzten Abschied prägen sie
Ihr Bild auf's Antlitz, wo sie thronten.
So macht der Leiche stummer Mund
Ein ewig fremdes Land dir kund.

Und was er so in ernster Nacht
Dem Tode denkend abgerungen,
Das stellt sich ihm in strenger Macht
Auf seine Leinwand ungezwungen.
Aus einer jeden Fiber bricht
Allmächtig die verhüllte Seele;
Zu stolz, als daß sie sich verhehle,
Tritt sie hervor an's Tageslicht.
Von Blendung frei, in scharfer Klarheit
Zeugt, was er schafft, von freier Wahrheit.

Froh wird sein Thun; ihm mangelt nie
Die reiche Fülle der Gedanken;
Die heitre Fürstin Phantasie
Zog diesem Geiste keine Schranken.
Die andern bleiben eng und klein
Verrannt in ihren Heil'genbildern;
Er greift in's Leben frisch hinein
Und mag den Spaß am liebsten schildern.
So neben einer Muttergottes
Steht manch ein Bild voll fecken Spottes.

Die Kluft, die spaltet Reich und Arm,
Wie er es an sich selbst erfahren,
Er rächt an ihr den tiefen Harm,
Der ihn zerfraß in jungen Jahren.
Doch warnt ihn Stolz der Armuth auch,
Des Mammons Katzenschwanz zu streicheln
Und Glück ihm hündisch vorzuschmeicheln;
Er zeigt es kühn dem feisten Gauch,
Daß Reichthum doch bei aller Pracht
Den Eigner noch nicht glücklich macht.

Er malt den alten kalten Herrn,
Der sich nach all dem Scharren, Plagen
Ein schmuckes Weibchen nahm, die gern
Mit Andern sich's nun läßt behagen.
Der Geizhals hier, in Sünd' ergraut,
Zur feilen Minne gleich dem Diebe
Schleicht er, weil er sich nicht getraut,
Ein Nest zu bau'n der edlen Liebe.
Hart, wie er's oft im Leben sah,
So hart steht's auf der Tafel da.

Sieh hier die Geldwölf' im Contor!
Es ist ihr inniges Vergnügen,
Wie unter'm dünnen Freundschaftsflor
Sie schlau beim Handel sich betrügen.
So neben jenem Wolkenzelt,
Wo Heilige hoch im Aether thronen,
Läßt er Gestalten dieser Welt
Im gleichen Recht des Daseins wohnen.
In jeder Kunst zeigt er sich gleich,
Ein Herr in der Erfindung. Reich.

Und will des ernsten Denkens Zug
Ihn von der festen Erde raffen,
Dann stürzt er sich mit raschem Flug
Begeistert in das kühnste Schaffen —
Im Glanz der Farben mild verkühlt
Der heiße Drang der Forschgedanken,
Und fest an's süße Leben ranken
Sich alle Zweifel, die er fühlt.
Will ihm der Geist am Stoff verzagen,
Muß er den Stoff zu zwingen wagen.

O ew'ger Geist in Menschenbrust,
Wie oft wird's dir so eng, so bange!
Des Himmels bist du dir bewußt,
Dich hält die Welt mit hartem Zwange.
In dir gährt eine Ewigkeit,
Du fliegst zum allerletzten Sterne,
Und doch beklemmt dich stets die Zeit,
Und was unendlich, bleibt dir ferne.
Es hält mit wandelloser Kraft
Der Stoff dich ewig in der Haft.

Wohl zürnst du, ein gefangner Aar,
Doch nie entfliehest du der Erde,
Und strebst du scharf zu schau'n und klar,
Drückt dich hinab des Staubs Beschwerde.
So zwischen Geist und Stoffe schwebt
Die Seele, stets in sich verzagend —
Je höher Wissen sie erstrebt,
Den Blick zur nackten Wahrheit wagend,
Je müder sinkt der matte Flug
Hinab in bittern Sinnentrug.

Drum Heil der Seele, die es faßt,

Daß bunter Schein das ganze Leben;

Die nicht die holden Schranken haßt,

Die uns als Formen rings umgeben!

Des Künstlers Seele taucht hinab,

Um in dem Stoffe zu vergehen —

Sie wühlt sich in der Form ein Grab,

Um aus ihm selig zu erstehen —

Dann taucht sie auf, und mit sich reißt

Sie ein Stück Welt, durchblitzt vom Geist.

Kein Denker ahnt, kein Glaube lehrt,

Wie süß im Stoff die Seele waltet,

Die nicht ihm zu entfliehn begehrt,

Die nur in's Leben ihn gestaltet.

Das Leben schläft in jedem Stein,

Durch Ton und Farben ist's ergossen,

Doch will's vom Geist entzaubert sein,

Sonst bleibt es streng in sich verschlossen;

Der Meister naht — und groß und mild

Springt aus dem Stein der Venus Bild.

Lern' ein Geheimniß hier verstehn!
Auch Gott ward frei nur in dem Schaffen —
Hervor aus sich erst mußt' er gehn
Und eine Welt zusammenraffen —
Da war es, wo er selbst sich fand
In der Erkenntniß Morgenglanze,
Als vor ihm eine Erde stand
In ihrem ersten Blumenkranze —
Und willst wie Gott so frei du sein,
Im Schaffen lerne dich befrei'n.

Vierte Historie.

———

Gepriesen sei des Nordens Kraft,
Gepriesen sei die Lieb' im Norden!
Hier ist die wilde Leidenschaft
Zum klaren Quell des Lieds geworden.
Es reift des Sanges Feuerwein
Am heißen Schmerze der Entbehrung,
Und ewiger Entsagung Pein
Strahlt in der Dichtung Goldverklärung —
Wie weiße Lilien auf der Fluth,
So rein die Lieb' in Sehnsucht ruht.

Doch anders als der heilige Nord
Begehrt und fühlt des Südens Minne:
Sie stürzt sich froh, zum eignen Mord,
In's heiße Blut der jungen Sinne.
Der Sehnsucht ist Gewährung nah,
Die Schönheit birgt in leichter Hülle
Der Freuden unermeßne Fülle:
Die spart sie nicht — es konnten ja
Des Kreuzes Krieger unter Sandeln
Und Palmen auch nicht straflos wandeln.

Recht mitten in der Lenzesnacht
Geht durch die Luft ein schwüles Grüßen:
Frau Venus aus dem Schlaf erwacht
Und streift den Thau mit nackten Füßen.
Wohin sie blickt, da hebt sich schwül
Duft der Orangen und Jasmine,
Die Myrten weben Baldachine —
Und jede Matte wird zum Pfühl.
Die trunknen Düfte ziehen leise
Das Herz in wirre Zauberkreise.

Weh Jedem, der in solcher Nacht
Verfällt den irdischen Gewalten!
Ihn löset keine Himmelsmacht,
Sie werden ewig fest ihn halten.
Verfallen ist so Mann als Weib
Den alten Göttern, den gestürzten,
Die ihm durch einen süßen Leib
Den Wein im Opferkelche würzten.
Fremd bleibt er dann in Ewigkeit
Der eignen Welt, der eignen Zeit. —

Vier Jahr hat Messys nun gelebt
Im fremden Land der welschen Zungen;
Vier Jahr hat rastlos er gestrebt
Und ist zum Ziel hindurchgedrungen.
Er weiß, daß jetzt sich Keiner mißt
Mit seiner Kunst am Scheldestrande,
Und daß auch in dem welschen Lande
An Ernst kein Meister gleich ihm ist.
Er rüstet alles, um mit Ehren
Zu seinem Herde heimzukehren.

Das Saumthier wartet schon im Stall,
Das soll ihm in den nächsten Tagen
Die Güter und die Bilder all
Hinüber zu dem Rheine tragen.
Er sitzt noch vor der Staffelei
Und eilt sich, mit den regen Händen
Sein letztes Hauptwerk zu vollenden;
Dann ist sein Herz von Welschland frei.
Doch Mancher sattelt früh und zäumt,
Der bis zum Abend wohl noch säumt.

Nah vor Bologna's Mauern lag
Ein Landhaus, still von Wald umgeben,
Umzirkt von einem Myrtenhag
In spiegelhellen Wassergräben.
Schon lange streckt' es unbewohnt
Zum Wald hervor die grauen Zinnen;
Nun aber fast seit einem Mond
Hauset ein fremdes Weib darinnen;
Sie rüstete das öde Haus
Mit Märchenpracht des Ostens aus.

Es war ein Weib von Griechenblut
Aus der Comnenen altem Hause,
Das einst den rothen Fürstenhut
Trug an des Bospors Fluthgebrause.
Ein Ungarfürst ward ihr vermählt;
Doch in der Brautnacht Lustgekose
Riß ihn, der keine Stunde wählt,
Der Tod hinweg von seiner Rose —
Osmanen brachen ein — er fiel
Als eines schwirrenden Pfeiles Ziel.

Sie floh, nicht Weib, nicht Jungfrau mehr,
Mit ihren Perlen und Juwelen;
Sie schweifte über Land und Meer
Und mochte keine Heimat wählen.
Bald mit der Trauer schwand der Gram;
Das Leben lockte sie zu mächtig —
Denn sie war schön: wohin sie kam,
Erschien sie fremd und zauberprächtig,
Und ihres schwarzen Auges Gluth
Sog auf der Männer Herzensblut.

Sie sah den Messys, und wie der
War ihr kein Mann zuvor erschienen:
Die Stirne klar und frei und hehr,
Voll Kraft und Trotzes seine Mienen.
Die Schönheit, der er nachgestrebt,
Um die er längst so treu gerungen,
War ihm durch jeden Zug gedrungen,
Und in ihm selber aufgelebt.
Von einem Pagen nur begleitet
Sie keck zu ihm in's Zimmer schreitet.

Sie spricht zu ihm in fremdem Laut:
„Sie sagen, Messys, daß du könnest
Wovor den andern Malern graut,
Und auch der Welt ihr Recht vergönnest.
Ich will gemalt sein — aber sieh,
Nicht als Madonna noch als heilig:
Die Heiligen sind sehr langweilig —
Ich mag nicht ansehn so wie sie:
Du sollst mich wie in Indiens Thalen
Als ruh'nde Amazone malen."

Er spricht verwirrt: „Es mag geschehn.

Sagt mir, wann ist es Euer Wille?"

Sie drauf: „Ich will dich bei mir sehn,

Zu morgen früh auf meiner Ville."

Er neigt sich stumm: sie schreitet fort;

Er springt empor sie zu geleiten,

Doch eh' er findet Laut und Wort,

Ist sie wie lange schon im Weiten,

Indessen ihre Prachtgestalt

Ihn wie ein heißer Quell durchwallt.

Er setzt sich wieder vor sein Bild

Und ringt nach Ruh' im ernsten Streben —

Doch seine Adern pochen wild

Und alle Pinselstriche beben.

Denn zwischen alles, was er malt,

Schiebt sich ihr Schwanenhals verlockend,

Der wie Carrara's Marmor strahlt,

Und jeden Zug vollführt er stockend.

Er weist sie ab — wie er sich zwingt,

Alles umsonst — kein Strich gelingt.

Er stürmt hinaus vor's Thor der Stadt,
Es zieht ihn zu der Zauberville —
Sie liegt in schwüler Mittagsstille,
Es regt sich drin kein Laub, kein Blatt.
Unsinnig rennt er um die Fluth,
Den Ort, darin sie weilt, umschweifend,
Nicht mehr die Welt und sich begreifend
Verweilt er bis zur Abendgluth.
Die Kraft verzehrt vom heißen Süd
Wankt er nach Hause todesmüd.

Erschöpft sinkt er auf's Bette hin;
Umsonst — die Phantasien wandern
Von einem wirren Bild zum andern,
Doch immer steht dieß Weib darin.
In grausen Träumen schwebt ihm vor
Medusens Haupt, er fühlt mit Beben
In sich zum Stein erstarr'n das Leben
Und fährt entsetzt vom Schlaf empor.
Verstört giebt er sein Haar den Winden,
Und stürmt hinaus, um sie zu finden.

Er fand sie. Denkt ein griechisch Bild
Von Skopas weicher Hand gemeistert,
Denkt solchen Leib von Blute mild
Durchwärmt, von Jugendlust begeistert:
So stand sie vor dem Gartenhaus
Bei einem Strauch der vollsten Rosen,
Die blätterten mit weichem Kosen
Ihr auf das Haupt das Leben aus.
Sie lud ihn hold auf ihre Schwelle
Und setzte sich ihm zum Modelle.

Er malt. — So hat er nie gemalt:
Was ihm in seinen besten Stunden
Von Schönstem in sein Herz gestrahlt,
Das hat er hier vereint gefunden.
Es ist, als ob den raschen Stift
Ein fremder Geist ihm wild beseelte,
Als ob ihm Der die Farben wählte,
Daß er alsbald das Rechte trifft —
Er spürt nicht, wie die Stunden rauschen,
So lang er ihrem Laut darf lauschen.

Sie neigt sich freundlich über ihn —
Zu sehn, wie ihm sein Werk gelinge;
Vergebens will er sich entzieh'n,
Nur fester schürzt sich ihm die Schlinge.
Er malt sie, wie sie ihm gebot,
In furchtbar schönem Zorne rastend,
Die lichtverklärten Glieder lastend
Auf den zerdrückten Rosen roth.
Ave Maria. Er macht Ende;
Sie reicht zum Kuß ihm ihre Hände.

Daheim hat er noch keine Ruh,
Das Bild lockt ihn so furchtbar prächtig —
Er malt und malt noch immer zu
Und die Gestalt wird übermächtig.
Des zierlichsten Modelles Knie
Wählt er, um ihres zu empfinden;
Und doch ist nichts so schön wie sie,
Er malt sich müd bis zum Erblinden;
Und fertig fast zur Zauberin
Trägt er sein Bild am Morgen hin.

Sie sieht es an — da lacht sie hell
Und spricht zu dem verwirrten Meister:
„Du wolltest malen nach Modell,
Wo blieben da wohl deine Geister?
So hast du wirklich dir gedacht,
Daß noch ein Weib auf Erden lebe,
Das würdig sei an Schönheitspracht,
Daß es mir seine Glieder gebe?
Laß ruh'n das Bild, komm wieder morgen,
Und mich laß für's Modell du sorgen.

„Doch nicht so früh bin ich bereit,
Die Mittagsgluth ist mir zur Plage.
Komm morgen, wenn die Abendzeit
Sich in den Kampf wagt mit dem Tage.
Hier dieser Schlüssel führt dich ein
Dort in das laubumkränzte Zimmer,
Da will ich dein gewärtig sein,
Sobald sich kühlt des Tages Schimmer." —
Der Schlüssel bleibt in seiner Hand,
Indessen sie im Laub verschwand.

Er schwankt hinaus, in seiner Brust
Bekämpft es sich wie Riesenschlangen;
Es zieht ihn hin die irre Lust,
Und doch befällt ihn grausig Bangen.—
Daheim vor seiner Staffelei
Sitzt Francia, der Seelengute,
Und mustert ihm mit bangem Muthe
Die graue Farbensudelei,
Die er in diesen letzten Tagen
Auf sein Altarblatt aufgetragen.

„Sag', Quintin, spricht er, du bist irr;
Das geht nicht zu mit rechten Dingen;
Dein Malen hier ist gänzlich wirr
Und wird dir keine Ehre bringen.
Hör' du — Thessaliens Hexerei
Ist wohl bekannt aus alten Sagen.
Du bist ein Mann, und du bist frei,
Ich will nichts gegen Minne sagen —
Doch solchen Byzantinerfrau'n
Soll nie ein braver Junge trau'n.

„Setz' dieses böse Spiel nicht fort!
Du spielst um allzu hohe Loose;
Bei solcher Liebe schlummert Mord
Wie die Tarantel in dem Moose.
Ein Weib des Ostens gilt für rein,
So lang sie Keiner sündig nennet;
Doch wenn ein Mund als schwach sie kennet,
Versiegelt ihn der Leichenstein.
Nimm dich in Acht: des Himmels Gnade
Bewahre dich auf glattem Pfade!

Er hört's betroffen, hört's erblaßt
Und mag doch nicht die Schuld gestehen —
Zuletzt spricht er mit rauher Hast:
„Versprochen hab' ich's, ich muß gehen —
Ich kann nicht anders! doch mich hält,
Sobald ihr Bildniß erst vollendet,
Kein Zauber auf der ganzen Welt;
Jetzt ist dein Rath umsonst gespendet!"
Dem Alten eine Thräne steht
Im Aug, allein er schweigt und geht.

Der Abend kommt, er geht zur Stund;
Doch in dem Thor erbebt der Starke,
Sich schüttelnd in dem tiefsten Marke,
Und scheu und ängstlich blickt er rund.
Doch still wie gestern ist der Hag,
Nur leise flüstert's in den Blättern;
Im Westen sinkt der müde Tag,
Die Nachtigall beginnt ihr Schmettern —
Dort winkt der Pfad ihm eng und schmal,
Die Thür springt auf — er steht im Saal.

Da ruht sie schweigend, hingegossen,
Ein Bild aus seliger Heidenzeit,
Vom leichten Schleier hell umflossen,
Trunken von eigner Herrlichkeit.
So nach Adonis einst verlangend
Lag Kypris in dem Myrtenwald,
Schon leise vor der Botschaft bangend,
Die bald zu ihrem Ohre schallt.
So brach aus blendend weißer Hülle
Blendender vor der Glieder Fülle.

Erbebend greift er zum Geräth
Und eilt, von seliger Schönheit trunken,
Das Bild, das ihm vor Augen steht,
Zu bannen, eh' die Nacht gesunken.
Kein irdisch Wünschen taucht ihm auf,
Bis er vollbracht, was nie gesehen;
Wohl sinkt die Sonne rasch im Lauf,
Doch rascher seine Striche gehen —
Und als der Tag zum Meer sich wendet,
Hat er sein göttlich Werk vollendet.

Sie winkt ihn her: er zeigt es ihr;
Sie greift darnach mit wildem Geize —
Sie trinkt mit flammender Begier
In's Herz der eignen Schönheit Reize.
Und zwischen Bild und zwischen Weib
Gehn wankend seine irren Augen,
Bis auf den letzten Tropfen saugen
Möcht er in's Auge diesen Leib —
Er möcht' ihn ewig, ewig malen,
Die Welt mit Licht ganz zu durchstrahlen.

Der Tag erlischt im fernen West,
Blumen und Sterne Küsse tauschen;
Die Nacht steigt auf im Ost und läßt
Den blauen Vorhang niederrauschen.
Ein Flüstern klingt wie Liebesweise
So fremd und weich, berauschend hold:
„Ich danke dir, so spricht sie leise,
Heut gabst du mir, was ich gewollt;
Dieß Bild schenkt mir unsterblich Leben —
Was sterblich, sollt' ich dir's nicht geben?"

Sie bebt, er fühlt ihr pulsend Blut, —
Doch wie er naht dem heißen Munde,
Ein Zauber taucht, der lang geruht,
Plötzlich aus seiner Seele Grunde.
Das Bild der treuen deutschen Braut
Durchblitzt ihm die erglühten Sinne,
Und in dem Herzen klingt ihm laut
Das Wort, das er gelobt der Minne:
Es sei durch Lust, es sei durch Leiden,
Kein ander Weib soll je uns scheiden!

Und vor dem Bild gerinnt sein Mark,
Es stockt das Blut in seinen Adern —
Gebrochen ist der Zauber stark
Und er vermag mit sich zu hadern.
Auf springt er von dem weichen Pfühl
Und reißt sich scheu aus ihren Ringen;
Um Haupt und Busen spielt ihm kühl
Die Abendluft mit reinen Schwingen.
Die Schwüle weicht, die ihn gekettet,
Und seine Liebe ist gerettet.

Doch hinter ihm erhebt es sich:
Das Griechenweib springt auf die Füße —
Ihr Auge lodert fürchterlich,
Und zur Erinnys ward die Süße.
Sie fliegt daher, er hört mit Grausen
Den scharfgeschliffnen Dolch am Ohr
Vorbei mit hellem Zischen sausen.
Sie schreit: „Was fliehst du, junger Thor?
So meintest Du, ein griechisch Weib
Beut ungestraft dir Seel und Leib?

„Genossen und verschmäht ist gleich!
Wem ich mich gab, der ist verloren.
Du gehst hinab in's Schattenreich,
Zum Opfer meiner Huld erkoren!" —
Er hört nicht mehr, er stürzt hinaus,
Zu fliehn die grausige Mänade,
Und hinter ihm schon liegt das Haus —
Der Sternglanz zeigt ihm matt die Pfade;
Doch plötzlich regt sich's rings im Laub —
So schleicht der Tiger nach dem Raub.

Der Page steht im engen Gang,
Zwei Mohrensklaven ihm zur Seiten:
Sie sperren ihm den Weg gedrang,
Und mitten durch sie muß er schreiten.
Gebt Raum! so ruft er ihnen zu —
Die Mohren fletschen mit den Zähnen
Gleich tückisch lachenden Hyänen
Und warten sein mit kühler Ruh.
Er zögert noch, bald wird er's innen:
Hier gilt fürwahr kein lang Besinnen.

Er schreitet vor: da plötzlich springt
Der Page ihm in seinen Nacken;
Ein Dolch im irren Sternglanz blinkt —
Er fühlt sich bei dem Haupthaar packen.
Ein Stoß — er spürt den Hals geritzt,
Mit schweren Aexten nah'n die Mohren;
Schon merkt er Blut — er ist verloren —
Da fühlt er sich von Zorn durchblitzt:
Er schüttelt wild die starken Glieder;
Der Page gleitet an ihm nieder.

Zur rechten Stunde sieht er nah
Ein Eisengitter, morsch, verschoben;
Er springt zurück wie er es sah,
Rasch hat er's aus dem Grund gehoben.
Er bricht sich eine Stange los,
Und, wie vorzeit den Hammer, schwingt er
Sie rund um sich mit Hieb und Stoß,
Und muthig auf die Feinde dringt er.
Es wird ihm wohl: in heißer Wuth
Wollüstig kocht ihm auf das Blut.

Mit Einem ungeheuern Schlag
Wirft er den einen Mohren nieder;
Ein zweiter Schwung: der Page lag
Im Grün, zerschmettert seine Glieder.

Der andre Mohr im Schrecken weicht,
Als er zum Hieb sich neu bereitet.

Er überspringt die Hecke leicht
Und ruft, indem er weiter schreitet:
Ein andermal laßt hübsch mich wandern:
So haut der Grobschmied, merkt's, von Flandern!

Fünfte Historie.

Es war erst jüngst der Freiheit Lenz
Erblüht dem stammverwandten Volke,
Da ging ich durch die Straßen Gent's,
Gedrückt von schwerer Kohlenwolke.
Durch's hochgewölbte Burgportal,
Durch alten Fürstenschlosses Bogen
Kam wie die Meeresfluth gezogen
Der Ouvriers berußte Zahl.
Wo einst Burgundiens Hof gethront,
Hat König Dampf sich eingewohnt.

Der laute Pfiff der Eisenbahn
Verkündet, daß ein neues Wesen
Bekämpft den alten Priesterwahn,
Der sich dieß Land zur Mast erlesen.
Die Flamme brennt, von Menschenhand,
Aus dunkelm Erdenschooß entbunden;
Nicht wo Prometheus ihn gefunden,
Sucht dieß Geschlecht des Himmels Brand.
Wo diese Flamme sich entzündet,
Steht des Gedankens Reich gegründet.

In's hohe Münster trat ich ein,
Von all dem Braus der Ruh zu pflegen.
Da hob sich mir vom Altarschrein
Des Rubens mächtig Bild entgegen.
Sanft Bavo ist's, der Graf und Held,
Der müd der reichen Lebensfülle
Erwählt des Priesters dunkle Hülle
Und heut entsagt der bunten Welt.
Im stolzen Staat, mit Thränen bitter
Umgeben ihn Vasall und Ritter.

Die Menge füllt den weiten Platz,
Nach Gold halb gierig, halb im Leide,
Denn es vertheilt des Herren Schatz
Der Schaffner hier im schwarzen Kleide.
Dort steht sein fürstliches Gemahl,
Die seinen letzten Kuß empfangen,
Aufrecht, doch mit erblichnen Wangen,
Umklagt von ihrer Frauen Zahl.
Fest, wie ein Held nach schwerem Siege,
Ersteigt der Graf die Kirchenstiege.

Siehst du's? Nicht gänzlich herrscht Gewinn
Bei diesem ernsten Frankenstamme;
Noch glüht vom alten Kirchensinn
Ein Funken bei der Erdenflamme.
So frisch der Mensch der Welt gehört
Mit allem Muth des irdischen Wagens,
Es bleibt die Lust auch des Entsagens,
Die mitten im Genuß ihn stört.
Wird einmal Sturm den Geist ermatten,
Lockt ihn der stille Klosterschatten.

So trat ich aus dem Münster. Lind
Sah ich des Abends Rosen blühen,
Und durch der Straßen Irrgewind
Schritt ich im lichten Purpurglühen.
Ich sah der Arbeit rußigen Sohn
Allwärts zum eignen Herd sich haften,
Ihn lud, vom Tagesschweiß zu raften,
Des Glockenspieles luftiger Ton. —
Da trat fern auf den stillsten Wegen
Mir eine neue Stadt entgegen.

Von Ziegeln war sie aufgebaut,
Von rother Mauer hoch umschlossen;
Aus zierlichem Kapellchen traut
Kam leiser Orgelklang geflossen.
In engen Gäßchen dicht gestellt
Stehn da viel hundert Puppenhäuschen;
Am Fensterbrett ein Blumensträußchen
Durchduftet drin die kleine Welt.
Weinlaub und Klämmerchen umranken
Das Dach mit heitern Weltgedanken.

Von Bibelsprüchen wohlbekannt
Trägt jedes Zellchen seinen Namen;
Du fühlst dich, wie im heiligen Land
Die Pilger, die nach Salem kamen.
Des Simon gastlich Haus ist da,
Hier Martha's Weinberg mit den Träubchen,
Maria's Schlafgemach und Läubchen,
Der Oelhain von Bethania.
Ein Häuschen hab' ich auch gefunden,
Das hieß das Haus zu den fünf Wunden.

Ihr fragt mich, was dieß Wunder sei?
Ihr seht den Hof, wo die Beginen
Dem Herrn, von Klostersatzung frei,
Mit Beten und mit Arbeit dienen.
Sie essen stolz ihr eigen Brot,
Erarnt mit immer rüstigen Händen,
Und schaffen mehr noch, um zu spenden
Wo sie den Bruder sehn in Noth;
Sonntags mit freundlichem Erbarmen
Näh'n sie noch Kleider für die Armen.

O wie mein wildes Herz ergriff
Dieß friedsam gottesstille Leben!
Mir schien es wie ein festes Riff,
Um das umsonst die Fluthen beben.
Da draußen Lärm, Gewühl und Dampf,
Und hier der ungetrübte Frieden,
So ungetrübt als ihn hienieden
Erlaubt des Menschenherzens Krampf;
Draußen des Lebens Noth und Sorgen –
Ein Leben hier, in Gott geborgen. —

Es sinkt der Tag. Der Abendchor,
Von Frauenstimmen nur gesungen,
Hat silbern sich zum Herrn empor
Durch rosigen Abendduft geschwungen.
Die Sonne wirft den letzten Glast
Durch's bunte Fenster der Kapelle
Und senkt mit feuerfarbner Helle
Hinter den Bäumen sich zur Rast.
Die Orgel tönt: nach kurzem Beten
Die Schwestern all in's Freie treten.

Das Haupt, das frei zu dem Altar
Geblickt, so lang gewährt die Feier,
Verhüllt von Leinwand fein und klar
Jetzt wieder vor der Welt der Schleier.
Doch hält des Abends goldne Pracht
Ein Weilchen sie noch vor der Pforte,
Sie wechseln leis und traulich Worte
Und wünschen heiter gute Nacht.
Jetzt durch der Gäßchen enge Zeilen
Sieht man sie paarweis sich vertheilen.

Zwei Frauen wallen im Verein:
Die eine schon gebeugt von Jahren,
Doch zeugt der Wangen frischer Schein
Vom Leid nicht mehr, das sie erfahren.
Die andre weltlich noch in Tracht:
Nur hüllt ein Kopftuch ihr bescheiden
Die Haube goldgestickt von Seiden
Und ihres Haares dunkle Pracht.
So gehn sie heim; im Abendschimmer
Betreten sie ihr stilles Zimmer.

Wie traut ist's hier! Still steht die Zeit,
Und keine Uhr mißt ihre Flüge;
In dieser schmucken Häuslichkeit
Thut sich das Leben selbst Genüge.
Das Tischtuch wie ein Lilienblatt,
Warm und behaglich wie ein Nestchen
Und zierlich wie ein Puppenkästchen
Ist diese ganze Friedensstatt.
Grün durch das Fenster nickt die Rüster
Mit Vogelsang und Laubgeflüster.

Ihr kennt Alyt, des Malers Braut.
Sie ist, der Seestadt Lärm entnommen,
Die ewig tobt verwirrt und laut,
Der Tante zum Besuch gekommen.
Der Weltpracht und der Feste müd,
Die in des Vaters reichem Hause
Sie stets umschwirr'n mit Sorg' und Brause,
Will hier sie rasten im Gemüth;
Dem andachtstillen Klosterleben
Hat sie ein Weilchen sich ergeben.

Die Tante pflegt des Tisches jetzt
Und läßt nichts am Behagen fehlen:
Weißbrod und scharlachne Garnelen
Und löwisch Bier wird aufgesetzt;
Orangen von Sevilla's Fluß
Und blaue Trauben von dem Rheine;
Ein Krug von süßem spanischem Weine,
Dem Gast zu Ehren, macht den Schluß.
Und bei der Lampe sanftem Strahle
Setzen sie plaudernd sich zum Mahle.

Ab räumt die Alte dann, und frisch
Noch vor dem Schlaf zum Werk beflissen
Stellt sie für beide Frau'n die Kissen
Zum Spitzenklöppeln auf den Tisch.
Ein zierlich Thun — wohl keinen Sinn
Verlangt's, wenn flink die Klöppel fliegen,
Die Fäden zum Gebild sich schmiegen,
Doch nimmt es nicht die Seele hin;
Es gehn die Fingerchen geschwinde,
Das Denken fliegt in alle Winde.

So in Gedanken sitzen still
Sich gegenüber lang die Beiden.
Dann springt das Mädchen auf, es will
Sie nicht mehr bei der Arbeit leiden.
Sie legt der Tante still ihr Haupt
Auf ihre Knie, die Wangen brennen,
Und spricht: „Laß einmal dir bekennen,
O Mutter, was die Rast mir raubt!
Vor keinem Priester möcht' ich's wagen,
Du bist ein Weib, dir kann ich's klagen.

„Du weißt, ich liebe! Doch es bebt
Das Herz mir oft und zuckt zusammen;
Die Schwinge, die zum Himmel strebt,
Versengt sich an den irdischen Flammen.
Auf hochgeschwellter Lebensfluth
Treibt los mein Schiff, ein Spiel den Winden,
Und Ruhe weiß ich nicht zu finden,
Solang im Herzen flammt die Gluth.
Die Liebe hält der bittern Sorgen
Stachel im Honigseim verborgen.

„Sieh, dieses Herz ist ungestillt!
Das einst des Himmels milder Spiegel,
In Angst und Sehnsucht pocht es wild
Und schmerzvoll bricht's durch Schloß und Riegel.
Wenn Leben so am Leben zehrt,
Ist denn mit diesem Hoffen, Bangen,
Mit diesem Sehnen und Verlangen
Das Leben wohl das Leben werth?
Erschöpft von wildem Liebesjagen
Möcht' ich der Liebe selbst entsagen.

„Nun seh' ich dich, o Mutter, hier
In deinem friedsam milden Schalten,
Von Wünschen frei und von Begier
Entrückt dem Spiel der Weltgewalten.
Wenn draußen uns zu keiner Frist
Rast gönnen Noth und Angst und Plage,
Gieb Antwort du auf Eine Frage:
Sag mir, ob du nun glücklich bist?
Winkt je uns eine Rast hienieden,
Wo fänd' ich, als bei dir, den Frieden?"

Die Nonne seufzt — doch fromm gesinnt
Ruft sie: „Gesegnet die Gedanken,
Die dich noch rein und zart, mein Kind,
Heimrufen aus dem irdischen Schwanken.
Sieh, ich war schön wie du und jung;
Doch Alles, was mir groß und wichtig,
Wie eitel scheint's mir nun, wie nichtig
Im Spiegel der Erinnerung!
Denn jede Aue, die mich grüßte,
War nur ein Trugbild in der Wüste.

„Ach Alles, Alles, was mir lieb
Und süß einst, ward mir gallenbitter!
Mein Glück fiel vor des Todes Hieb,
Wie frisches Gras fällt vor dem Schnitter.
Den Mann schlang mir die wilde See,
Die Söhne sind im Krieg gestorben,
Mein Haus und Hof, sie sind verdorben —
Von all der Lust, von all dem Weh,
Die mich in Aengsten umgetrieben,
Was ist von Allem mir geblieben?

„Was bleibt? Es kann der Liebe Lust
In Frost nur oder Jammer enden —
Und was du einmal missen mußt,
Warum an das dein Herz verschwenden?
Rast wird nur dem, der nichts mehr will;
Solang du wünschest, bleiben Klagen;
Froh wird das Herz nur im Entsagen,
Und meins ward froh — ich hoffe still
Nach all den fieberheißen Träumen
Nur auf ein Grab bei jenen Bäumen."

Die Alte schweigt. Das Mädchen bebt
Und spricht: „Kannst du das Grab mir finden,
Wo all die Gluth, die in mir lebt,
Zum Aschenhäufchen leis mag schwinden?
Wie bann' ich seiner Minne Bild
Mir aus dem Blut, dem jugendwarmen?" —
Die Nonne drauf: „Es hilft Erbarmen,
Wo unsre Stärke nichts mehr gilt.
Der Himmel reicht, den Sieg zu schaffen,
Dem Kämpfer die gefeiten Waffen.

„Vernimm: Beim Kloster ist ein Quell,
Er springt aus tiefen Felsenadern;
Die Römer in ein Becken hell
Faßten ihn ein mit Marmorquadern.
Doch als nun auf des Glaubens Pfad
Aus Rheims zu uns die Boten kamen,
Hier pflanzten sie ihr Kreuz und nahmen
Zum Taufbronn sich das Heidenbad.
Gar mancher Frevler, gottverloren,
Ward hier im Wasser neugeboren.

„Groß ist noch heut des Bornes Kraft,
Er kühlt den Schmerz der irdischen Wunden;
Wo Sinn und Seele ringen, schafft
Er Sieg; auch du magst dort gesunden.
Geh morgen hin: vom Erdentand
Entkleid' in Demuth deine Glieder,
Und sinke vor dem Schöpfer nieder,
Wie er in's Leben dich gesandt.
Dann tauche zu den kühlen Fluthen
Und lösche diese dunkeln Gluthen." —

Auf steht die Jungfrau feierlich
Und küßt die Stirn der frommen Alten:
„Vor deiner Weisheit beug' ich mich
Und will, so wie du sagst, es halten.
Ist wahrhaft dieß des Himmels Ruf,
Ich will mich ohne Widerstreben
Der Liebe wie der Welt begeben
Und Dem nur dienen, der mich schuf!
So mag erleuchten mich die Gnade —
Morgen geh' ich zum heiligen Bade."

Sechste Historie

Der Morgen heiß, und schwül die Luft,
Die Sonne glänzt mit falbem Strahle;
Es schwimmt ein silberbleicher Duft
Um's Schifferhaus an dem Kanale.
Die Arbeit, Königin von Gent,
Fragt nicht nach Gluth und nicht nach Kühle,
Sie füllt die Straßen mit Gewühle,
Wo Alles drängt und Alles rennt.
Und nur in der Beginen Klause
Ist fried' und Stille noch zu Hause.

Kinkel, Grobschmied.   6

Die Jungfrau geht mit ernstem Sinn
Zum heiligen Werk, fromm und gelassen,
Und schweigend führt die Pförtnerin
Sie durch des Klosters enge Gassen.
Das Schloß springt auf: da öffnet weit
Sich eine mächtige Rotunde;
Scheu blickt die Jungfrau in die Runde,
Fast zitternd vor der Einsamkeit.
Nun hinter ihr springt zu die Pforte,
Sie steht allein am heiligen Orte.

Ihr dünkt, hier gehn noch Geister um,
Die diesen Platz der Lust einst weihten;
Sie fühlt, wie sie im Zugwind stumm
Durch moderfeuchte Hallen gleiten.
Dazwischen auch aus frömm'rer Zeit
Die Schatten, die sich hier entsündigt —
Der halbverfallne Bau verkündigt
Den ewig ungesühnten Streit:
Des Heiden heitre Lust der Sinne,
Des Christen bange Gottesminne.

Inmitten glänzt der Born; er quillt
In unversiegbar kühler Reine,
Und wie das Wasser überschwillt,
Fällt's leise rauschend über Steine.
Durch feuchte Mauern stiehlt sich's fort,
Und unter breiten Pflanzenblättern,
Die über Schutt und Steine klettern,
Verschwindet's leis am düstern Ort.
Kaum zu des Himmels Licht geboren,
Im dunkeln Erdschooß ist's verloren.

Doch durch der Kuppel Wölbung bricht
Der Sonnenschein mit vollen Strahlen,
Und auf dem dunkeln Spiegel malen
Die Fenster sich in goldnem Licht.
Nur manchmal, wenn vom tiefen Grund
Die Bläschen gurgelnd aufwärts quellen,
Erbebt die Fluth mit Zitterwellen
Und bricht das Bild im dunkeln Rund.
Dann flattert an der Kuppel droben
Der Wellen Spiel, zum Netz gewoben.

Die Jungfrau kreuzt sich und beginnt
Das heilige Werk mit leisem Bangen:
Ihr Haar entfesselt sie geschwind
Und löst behend des Gürtels Spangen.
Um blickt sie — ja, sie ist allein!
Die Brust entquillt dem knappen Mieder,
Und leise von den Hüften nieder
Sinkt zögernd jetzt der warme Lein.
Doch deckt ihr Haar, dem Netz entfallend,
Sie wie ein Schleier niederwallend.

Sie steigt die Treppen ab — und bebt,
Denn in des Brunnens dunklem Runde
Strahlt plötzlich, zauberhaft belebt,
Ihr Bild entgegen ihr vom Grunde.
Sie hat, behütet von der Zucht,
Sich nie am eignen Leib geweidet,
Und wenn sie sittsam sich entkleidet,
Nahm vor dem Spiegel sie die Flucht.
Jetzt, ungewollt, sieht aus dem Feuchten
In Marmorpracht ihr Bild sie leuchten.

Der Anmuth unerschöpfter Born
Liegt ihren Augen aufgeschlossen,
Den Gott aus seiner Fülle Horn
In holden Frauenleib ergossen.
Zögernd, vom eignen Reiz besiegt,
Mag sie den Zauber noch nicht sprengen,
Und sich den Anblick zu verlängen
Kniet sie am Rand des Quells geschmiegt
Und flüstert, tief ihr Bild beschauend,
Der Einsamkeit sich still vertrauend:

„Bin ich so schön? Ich ahnt' es nicht! —
All dieß könnt' ich dem Liebsten schenken,
Und wollte zu des Himmels Pflicht
Mein Herz entsagend von ihm lenken?
War dieses Jugendglühen wohl
In solche reine Form gegossen,
Daß Keinem es zur Lust, verdrossen
Und ungeliebt erkalten soll?
Mein sind sie, diese vollen Gaben,
Geliebter Mann, du sollst sie haben!

„Ein Käſtchen köſtlichen Geſteins
Hätt' er's vertraut mir zu bewahren,
Dürft' ich's vor ihm, als wär' es meins,
Wenn er's nun wiederfordert, ſparen?
Auch dieſer Leib iſt nicht mehr mein,
Sein Siegel brennt auf ihm im Kuſſe;
Ich halt' ihn heilig im Verſchluſſe,
Doch iſt er drum wohl minder ſein?
Darf ich wohl um ſein Pfand ihn kränken
Und lieblos es an Gott verſchenken?

„Hinweg von mir die Eigenſucht,
Die für ſich will den Himmel haben!
Es ſei mein Herz die volle Frucht,
Um ihm den durſtigen Mund zu laben.
Ich will kein Leben ſtill und zahm
Hinſchleppen um mein ſelber willen!
Und kann ich je ein Leid ihm ſtillen,
Ich will den Schmerz, ich will den Gram!
Hält er nur mich im Arm geborgen,
Willkommen Noth und Angſt und Sorgen!

„Nein, jede Schönheit, jeder Reiz,

Die hier die Fluth mir wiederspiegelt,

Dir ohne Neid und ohne Geiz,

Geliebter, sei der Schatz entriegelt.

Dieß Haar hier, duftig und gelockt,

Entfesselt sei's in goldne Schlangen

Und spiel' um deine braunen Wangen;

O Alles. — —" hier ihr Träumen stockt,

Die Scham vom Haupt rinnt durch die Glieder

Ihr purpurn zu den Hüften nieder.

Ihr Lilienbild in dunkler Fluth,

Das zu ihr aufglänzt aus dem Feuchten,

Verwandelt sich in Rosengluth,

Und wunderherrlich sieht sie's leuchten.

Bezaubert von dem eignen Bild

Trinkt sie den Rausch der Schönheitsfülle;

Sie wirft zurück der Locken Hülle

Und schwelgt im eignen Reize wild —

Bis endlich die erregten Sinnen

Strömend in Thränen niederrinnen.

Auf springt sie, Tochter der Natur,
In Liebe selig neugeboren!
Sie hebt die Hand empor zum Schwur,
Zu anderm Schwur, als sie erkoren!
Das Herz, von matter Quälerei
Erlöst und bänglichem Entsagen,
Fühlt sie mit hellem Jauchzen schlagen,
Sie ruft mit lautem Jubelschrei:
„Dein bin ich ganz! und Alles dein!"
Und froh springt sie in's Bad hinein.

Siebente Historie.

———

Der Meister Floris wohlgemuth
Will früh sich an die Arbeit machen,
Wie er es alle Tage thut,
Und rüstet seine Siebensachen.
Er hat auf seiner Staffelei
Ein großes Bild geführt zum Schlusse
Und hofft so recht mit Hochgenusse,
Daß es heut Abend fertig sei.
Mit Einem Wort, so ungefähr
Er denkt: Wenn ich am End' erst wär'!

Er malt der bösen Engel Fall,

Die aus der Luft geworfen werden;

Wild in den Wolken wogt der Schwall

Mit grimmig scheußlichen Geberden;

Mit Hundskopf und mit Drachenschwanz

Wirren sie durcheinander greulich,

Die Engel aber helfen treulich

Sich oben in dem Himmelsglanz —

Das Alles quillt im engen Raum

Wie ein vom Alp gedrückter Traum.

Der Meister Floris kommt schon früh

Und kürzt sogar den Morgensegen;

Heut gilt's zum Schluß der langen Müh'

Die letzte Hand daranzulegen.

Da sitzt auf eines Teufels Bein

Ganz wohlgemuth 'ne dicke Hummel,

Als saugte sie sich mit Gebrummel

So recht in's feste Fleisch hinein.

Die Hummel herzlich freut den Alten,

Er denkt, hat sie's für Fleisch gehalten?

Allein sein Kopf war kahl von Haar,
Die Angst ist greisen Haupts Gebrechen —
Er fürchtet, daß die Hummel gar
Ihn auf die Glatze könnte stechen.
Drum kommt er erst nur scheu und bang,
Um sie ganz sänftlich zu verjagen —
Sie geht nicht fort, ihm wird's zu lang,
Er bläst — sie scheint nach nichts zu fragen.
Als wie in einen Leckerbissen
Hat sie sich in das Bild verbissen.

Des Spielchens wird er endlich müd,
Er merkt, er muß was Großes wagen,
Und spricht: Die hat ein frech Gemüth,
Ich will sie mit dem Schurz erschlagen.
Er holt auch ganz allmächtig aus
Und kriegt sie richtig in die Patsche —
Da hast du's! — aber wie, o Graus!
Die Hummel weicht noch nicht dem Klatsche —
Ist das ein Ernst, ist das ein Spott?
Die Hummel ist gemalt, bei Gott!

Noch traut er seinen Augen nicht,
Die sonst doch ziemlich klar noch blitzen,
Er trägt das Bild an's Fensterlicht —
Die Hummel bleibt wahrhaftig sitzen.
Er zieht die kahle Stirne kraus,
Er prüft zuletzt es mit dem Finger,
Sein Staunen wird drum nicht geringer,
Und endlich bricht er heftig aus:
„Ei Godverdom, das ist ein Strich —
Der das gemacht, kann mehr als ich!"

Und kaum war ihm das Wort entschlüpft,
Da spricht's und lacht's mit lustigen Lauten,
Und hinter'm Vorhang fröhlich hüpft
Die Tochter vor mit ihrem Trauten.
Er fällt dem Alten um den Hals:
„Nun seht, Ihr selbst habt's ausgesprochen —
Eu'r Urtheil gilt doch allenfalls,
Daß Unsereins darauf mag pochen.
Ihr habt's mir jetzo selbst vergönnt,
Daß ich was kann, was Ihr nicht könnt.

„Und nun schaut her! Das war ein Spaß,
Jetzt will ich meinen Ernst Euch weisen,
Damit Ihr seht, man lernt doch was,
Wenn man so Jahre bleibt auf Reisen." —
Ein groß beflügelt Altarblatt
Nimmt er hervor aus einem Kasten
Und stellt es an die rechte Statt
Und lädt ihn ein, davor zu rasten.
„Nun seht, dieß schuf des Schmiedes Faust,
Den Euer Spott so arg gezaust!"

Da steht das Bild: es ist die Rast
Der Träger mit des Herren Leiche —
Von ungeheuerm Schmerz gefaßt
Die Mutter dort, die todesbleiche:
Salome mit dem Salbenhorn,
Und Joseph hält die Dornenkrone
In tiefem heiligem Manneszorn,
Daß so die Liebe sich belohne —
In allen tobt des Schmerzes Gluth,
Indeß so starr die Leiche ruht.

Ahnst du, was aus dem Bilde spricht?

Kein Meister hat in allen Landen,

Das zeugt dieß blaffe Angesicht,

So tief und wahr den Tod verstanden.

Den Schmerz, der nicht mehr Thränen sucht,

Hat keine Seele so empfunden,

Wie er aus diesen blauen Wunden

Hervorbricht mit des Schreckens Wucht.

Die auf dem Bild mußt' er versteinen,

Du aber siehst es — und kannst weinen.

Das ist ein Bild, das Kirchenstille

In deine ganze Seele gießt,

Vor dem dein Denken und dein Wille

In tief Empfinden ganz zerfließt. —

Der Alte fühlt's, dieß Bild bedroht

Mit Untergang sein eigen Streben,

Doch jauchzend sieht er draus sich heben

Die junge Kunst im Morgenroth,

Wie Mose sah im Todesbeten

Das Land, das er nicht soll betreten.

Er blickt, und blickt sich nie genug —
Und als er schaut die Magdalene,
Die seine Tochter Zug für Zug,
Da tritt in's Aug ihm eine Thräne.
Was diese beiden Herzen band,
Wohl fühlt' er's jetzt, es war das Rechte;
Still faßt er seines Mädchens Hand
Und legt sie in des Mannes Rechte:
Sie sinken vor ihm auf die Knie,
Und segnend weiht er also sie:

„Dich, Quintin, führt der Geist der Kraft,
Der helle, freudige, behende,
Der alle höchsten Wunder schafft
Durch kunstgerechte Menschenhände.
Auf dir, o Tochter, ruhe still
Der Geist der hoffnungsfrohen Liebe,
Die nicht das Glück erstürmen will,
Und ob es ewig ferne bliebe.
So sei der Bund, der heut sich schließt,
Ein Born, draus ewige Fülle fließt!“